Dallan Sam
Fernando Rode
Rolf Tarneden

WAS LEHRER NICHT DÜRFEN!

Antworten auf die
50 wichtigsten Schülerfragen –
inklusive der dazugehörigen
Paragraphen

Ullstein

Überarbeitete Neuausgabe im Ullstein Taschenbuch
1. Auflage August 2016
© 2016 Ullstein Buchverlage GmbH, Berlin
© Rode & Sam GbR, St. Augustin
Alle Angaben sind nach bestem Wissen und Gewissen erstellt worden. Dennoch kann wegen der Änderungen im Schulrecht keine Gewähr für die Richtigkeit übernommen werden. Zudem gibt es in jedem Bundesland eigene schulrechtliche Bestimmungen, die dort geändert werden können. Alle Angaben in diesem Buch erfolgen ohne jegliche Gewährleistung oder Garantie seitens des Verlages oder der Autoren. Eine Haftung der Autoren bzw. des Verlages und seiner Beauftragten für Personen-, Sach- oder Vermögensschäden ist ausgeschlossen.
Texte: © Rolf Tarneden (RA)
Illustrationen im Innenteil: Endrik Deitz
Gesetzt aus der Berkeley Oldstyle
Satz: KompetenzCenter, Mönchengladbach
Druck und Bindearbeiten: CPI books GmbH, Leck
Printed in Germany
ISBN 978-3-548-37668-4

Inhalt

Kapitel II:
Strafen und Anordnungen   23

Vorwort

In der Schule gibt es eine Vielzahl von Rechtsfragen aus ganz unterschiedlichen Bereichen. Dürfen Smartphones in der Schule benutzt werden? Erhält ein Schüler Schmerzensgeld, wenn er sich im Sportunterricht verletzt? Wie viele Klassenarbeiten dürfen pro Woche geschrieben werden? Wie greift man eine Zeugnisnote an? Kann der Schüler seine Schülerakte einsehen?

Dieses Buch gibt Antworten auf 50 typische Fragen zum Schulrecht aus Schülersicht. Wir haben uns bemüht, sie für Schüler verständlich zu verfassen. Und weil auch Schüler gerne genau wissen, worauf es ankommt, sind, soweit möglich, auch die jeweiligen gesetzlichen Bestimmungen benannt. Der Schwerpunkt liegt dabei auf klaren, nachvollziehbaren Antworten auf die wichtigsten Schülerfragen. Häufig sind Beispiele eingefügt, um die Antworten zu veranschaulichen. Das Buch ist somit ein guter Ratgeber für die gesamte Schulzeit.

Der Unterschied zwischen Schüler und Lehrer ist nicht zuletzt der, dass der Lehrer in einer höheren und stärkeren Position steht und daher leichter als der Schüler seinen Willen durchsetzen kann. Dem Lehrer wird daher viel mehr geglaubt und viel zu oft Recht gegeben. Aber die Position des Stärkeren bestimmt nicht darüber, ob der Schüler oder der Lehrer im Recht ist – darüber bestimmt allein das Gesetz. Dieses Buch zeigt Schülern auf, wo die Grenzen der Lehrer liegen und wo Lehrer auf die Schüler Rücksicht nehmen müssen.

Wichtig: Einer der Autoren dieses Buches ist Rechtsanwalt und seit Jahren im Schulrecht tätig. Das gibt dir die Sicherheit, dass jede Auskunft in diesem Buch rechtlich geprüft ist.

Dallan Sam, Fernando Rode und
Rolf Tarneden (Rechtsanwalt)

Kapitel I:

Handys und Smartphones

1. Ist ein allgemeines Handyverbot an Schulen rechtmäßig?

Nein. Dazu ein Beispiel:

Eine Schule hat eine Schulordnung. Darin ist geregelt, dass Schüler auf dem Schulgelände und in der Schule kein Handy bei sich führen dürfen.

Doch eine solche Regelung ist nicht zulässig. Der Grund: Schüler müssen auf dem Schulweg und danach beispielsweise für ihre Eltern erreichbar sein. In Zeiten, in denen jeder ein Handy oder Smartphone hat, ist es nicht mehr zumutbar, Schüler in eine Telefonzelle zu schicken. Außerdem gibt es nahezu keine Telefonzellen mehr.

Erlaubt ist aber eine Regelung, wonach Handys im Unterricht oder auf dem Schulgelände ausgeschaltet sein müssen. Auch diese Regelung leuchtet ein, da Kinder während der Schulzeit telefonisch nicht erreichbar sein müssen. Zudem muss auch sichergestellt sein, dass in Klassenarbeiten das Handy nicht als »Spickzettel« benutzt wird.

Solche Regelungen sind teilweise auch gesetz-
lich geregelt (so etwa in Bayern in Art. 56 Abs. 5
BayEUG).

Wird das Handy unerlaubt im Unterricht ge-
nutzt, kann es vorübergehend eingezogen werden.
Allerdings muss es zeitnah zurückgegeben werden.

2. Muss ein Lehrer mein Handy ersetzen, wenn er es kaputtmacht?

Beispiel: Der Lehrer nimmt einem Schüler, der im
Unterricht telefoniert hat, das Handy weg. Anschließend fällt es ihm versehentlich vom Pult und
geht kaputt.

In solchen Fällen muss entweder der Lehrer
selbst oder sein Arbeitgeber (in der Regel das
jeweilige Bundesland) den Schaden bezahlen. Im
vorliegenden Fall wird der Lehrer freilich den Er-
satz selbst leisten müssen.

Dahinter steht eine einfache Regel: Der Lehrer
muss zahlen, wenn es um Gegenstände geht, die
die Schüler aus eigenem Interesse mitbringen (wie

zum Beispiel Smartphones). Der Arbeitgeber des Lehrers zahlt dagegen, wenn es um Gegenstände geht, die die Schüler mitbringen sollen (zum Beispiel Schulranzen und Schulbücher). Denn dann bestehen besonderen Pflichten von Seiten der Schule.

Rechtlicher Hintergrund: Bei Verletzung von Amtspflichten (§ 839 BGB), die Dritten (Schülern) gegenüber bestehen, haftet der Arbeitgeber des Lehrers (Art. 34 GG). Diese Pflichten sind nur bei Gegenständen zu bejahen, die die Schüler auf Veranlassung der Schule mitbringen (wie eben Schulbücher).

Zurück zum hiesigen Fall: Hier geht es um ein Handy, das der Schüler freiwillig mitgebracht hat. Die Schule hatte den Schüler nicht aufgefordert, das Handy mitzubringen. Nimmt dann der Lehrer das Handy an sich, um für Ruhe zu sorgen, muss der Lehrer selbst zahlen, wenn es dabei beschädigt wird, nicht sein Arbeitgeber. Die rechtliche Bewertung ist umstritten, die hier geschilderte Sicht nach unserer Einschätzung aber die zutreffende. (Eine weitergehende Darstellung würde den Rahmen dieses Buches sprengen.)

Ein Trost für den Lehrer: Wenn er eine Haft-

pflichtversicherung hat, kann diese dafür auf-
kommen.

3. Darf der Lehrer mein Smartphone länger als 24 Stunden einziehen?

Im Normalfall nicht. Smartphones und auch klas-
sische Handys sind in der Schule generell zulässig.
Ihre Benutzung im Unterricht ist in aller Regel
aber untersagt. Wenn ein Schüler das Gerät dennoch im Unterricht nutzt, darf der Lehrer das
Gerät einziehen.

Der Lehrer muss das Smartphone aber zurück-
geben, im Normalfall am Ende des Unterrichtes
oder Schultages. Die Schule darf das Gerät nicht
mehrere Tage einbehalten.

Hintergrund: Das Smartphone gehört dem Schüler. Er kann gemäß § 985 BGB die Herausgabe sei-
nes Smartphones verlangen. Mit Ablauf des Schultages erlischt in aller Regel das Besitzrecht der
Schule an dem Gerät.

4. Darf ein Lehrer mein Smartphone durchsuchen, nachdem er es einkassiert hat?

Nein, darf er nicht.

Dazu ein Beispiel:

Ein Schüler telefoniert im Unterricht. Der Lehrer nimmt ihm daraufhin das Smartphone ab und setzt sich damit an sein Pult. Er gibt der Klasse eine Aufgabe zur Bearbeitung. Während die Schüler damit beschäftigt sind, »durchstöbert« er das Gerät.

Der Lehrer darf das Smartphone aber nur an sich nehmen, damit im Unterricht Ruhe herrscht. Er darf es nicht »durchforsten«, weder nach Videos noch nach Dateien, Mailverläufen oder Chats. Dies darf der Lehrer auch dann nicht, wenn auf dem Smartphone unerlaubte Inhalte zu finden sind (beispielsweise Gewaltvideos oder Pornovideos bei Minderjährigen).

Hintergrund: Solche Daten sind private Daten des Schülers, die den Lehrer nichts angehen. Die Durchsuchung (§ 102 StPO) und die Beschlagnahme (§ 98 StPO) von Schülerhandys ist allein der Polizei gestattet (§§ 98 und 105 StPO). Erforderlich dafür ist eine richterliche Anordnung. Nur bei Gefahr im Verzug darf die Polizei selbst tätig werden. Die Auswertung des Handys ist dann Sache der Staatsanwaltschaft (§ 110 StPO).

Kapitel II:
Strafen und Anordnungen

5. Darf mir der Lehrer einen Taschenrechner verweigern, wenn ich eine Rechenschwäche habe?

Hannah leidet unter einer Rechenschwäche. Sie verlangt für die Mathearbeiten, dass sie einen Taschenrechner benutzen darf. Darf der Mathelehrer Hannah den Einsatz eines Taschenrechners verweigern?

Je nach Art der Aufgaben hat Hannah ein Recht auf einen Taschenrechner.

Denn Schülern mit Lernschwächen kann ein Ausgleich gewährt werden. Wichtig ist, dass eine Lernschwäche bewiesen ist (etwa durch ein ärztliches Attest). Der Fachbegriff für Rechenschwäche ist Dyskalkulie. Ein Ausgleich kann also nur gewährt werden, wenn der Schule ein Attest über Dyskalkulie vorliegt.

Es gibt aber kein »Allheilmittel«, sondern verschiedene Möglichkeiten, einen Ausgleich zu gewähren. Denkbar sind zum Beispiel:

- Gewährung von Pausen
- Anpassung der Aufgaben
- verlängerte Bearbeitungszeit
- Einsatz von technischen Hilfsmitteln (Taschen-rechner)

Der Ausgleich ist abhängig von der Aufgabe. Wenn der Nachteil durch eine Pause ausgeglichen werden kann, bekommt der Schüler diese Pause. Braucht der Schüler mehr Zeit, bekommt er die Schreibverlängerung. Wenn bei Rechenschwäche der Ausgleich durch den Taschenrechner gewährt werden kann, so bekommt der Schüler den Taschenrechner.

Tipp: Bei Rechenschwäche sollte dem Mathelehrer ein Attest vorgelegt werden. Danach sollten Eltern, Schüler und Mathelehrer das Gespräch suchen. In diesem sollte erörtert werden, welchen Nachteils-ausgleich es gibt und welcher tatsächlich gewährt wird.

6. Darf ein Lehrer mich im Klassenraum einschließen?

Beispiel: Ein Schüler schreit im Unterricht laut herum. Der Lehrer bittet ihn, ruhig zu sein. Der Schüler schreit weiter. Dann ist die Stunde zu Ende. Der Schüler schreit immer noch. Der Lehrer lässt den Schüler allein im Klassenraum zurück und schließt die Tür. Der Schüler versucht, die Tür zu öffnen, was der Lehrer verhindert.

Aber dieses Einsperren in einen Raum ist unzulässig. Nach dem Schulrecht kann ein Schüler zum Beispiel vom Unterricht ausgeschlossen werden oder einen Tadel bekommen. Ein Einsperren des Schülers ist jedoch nicht vorgesehen.

Als einfache Regel lässt sich hier aufstellen: Der Lehrer hat hier nicht mehr Rechte als die Eltern. Nach § 1631 BGB haben Kinder ein Recht auf eine gewaltfreie Erziehung. Darunter wird auch verstanden, dass Eltern ihre Kinder nicht einsperren dürfen.

Ein Lehrer darf also ein Kind nicht in einen Klassenraum sperren. Tut er es dennoch, muss er mit Konsequenzen rechnen. Denn wer einen

Menschen einsperrt, begeht eine Freiheitsberaubung. Diese ist strafbar nach § 239 StGB. Wenn der Schüler dann Strafanzeige erstattet, muss der Lehrer mit einem Strafverfahren rechnen. Dem Lehrer droht dann eine Strafe von bis zu fünf Jahren Haft oder Geldstrafe.

7. Darf ein Lehrer mich ohne triftigen Grund nachsitzen lassen?

Nein. Grundlos nachsitzen lassen ist unzulässig.

Nachsitzen anzuordnen ist aber möglich, wenn es dafür Gründe gibt. Als Faustformel gilt: Nachsitzen ist zulässig, wenn der Schüler gegen Pflichten verstoßen hat (Beispiel: Der Schüler hat im Unterricht mit dem Smartphone gespielt und seine Aufgabe nicht bearbeitet: Im Nachsitzen kann angeordnet werden, dass er die Aufgabe nacharbeitet).

Nachsitzen ist unzulässig, wenn es als Strafe eingesetzt wird. (Beispiel: Der Schüler hat einen Mitschüler geschlagen. Als Strafe soll er zwei Stunden nachsitzen).

Wichtig: Beim Nachsitzen muss der Schüler eine Aufgabe erhalten, die er erledigt (etwa eine Aufgabe nacharbeiten oder den Raum saubermachen, den er selbst verdreckt hat). Nicht zulässig ist das bloße Absitzen von Zeit (das wäre wie Gefängnis).

8. Darf ein Lehrer mir als Strafarbeit aufgeben, dass ich denselben Satz hundertmal abschreiben muss?

Nein. Grund: Diese Maßnahme bestraft. Sie erzieht nicht. Erlaubt ist es nur umgekehrt, das heißt, die Maßnahme darf erziehen, aber nicht bestrafen. Pädagogische Maßnahmen müssen also immer das Ziel haben, das Verhalten des Schülers positiv zu verändern. Bei dem Schüler darf nicht der Eindruck entstehen, dass er bestraft wird.

Dazu ein Beispiel: Ein Schüler hat öfter im Unterricht gestört. Der Lehrer ordnet daraufhin an, dass der Schüler ein Referat vor der Klasse hält. Thema: Gegenseitige Rücksichtnahme. Das wäre erlaubt.

Wenn der Lehrer hingegen anordnet: »Schreib hundertmal den Satz auf ›Ich darf nicht stören.‹«, ist kaum noch ein erzieherischer Zweck erkennbar.

9. Darf ein Lehrer meine Taschen kontrollieren?

Nein. Dazu ein Beispiel:

Ein Lehrer verdächtigt einen Schüler, dass er kifft. Der Lehrer nutzt die Pause, in der er im Klassenraum allein ist, geht zur Schultasche des Schülers und durchsucht die Tasche nach Drogen. Er findet ein Gramm Marihuana und ruft die Polizei. Doch durfte der Lehrer die Schultasche durchsuchen?

Nein, denn die Schule ist kein rechtsfreier Raum. Bei Verdacht einer Straftat darf nur die Polizei Schultaschen, Kleidungsstücke und Ähnliches durchsuchen. Dafür benötigt die Polizei einen Durchsuchungsbeschluss vom Richter (§ 105 StPO). Nur bei Gefahr im Verzug darf die Polizei selbst –

also ohne Durchsuchungsbeschluss – Durchsuchungen vornehmen. Wichtig: Eine Durchsuchung ist nur zulässig bei dem Verdacht einer Straftat.

Wenn der Lehrer den Verdacht hat, dass der Schüler kifft, müsste er also die Polizei anrufen und dort seinen Verdacht schildern. Die Polizei muss dann prüfen, ob sie eine Durchsuchung durchführt.

10. Darf ein Lehrer mich einfach so neben einen Schüler umsetzen, der mich nur ablenkt?

Nein, das wäre nicht zulässig. Das Umsetzen von Schülern ist nur zulässig, wenn es einen Sinn ergibt. Ein Umsetzen ist daher zum Beispiel in folgenden Fällen zulässig:

- Ein Schüler hat Hörprobleme; er wird in die erste Reihe gesetzt.
- Zwei Schüler lenken sich gegenseitig ab; sie werden getrennt.

Gegenteilige Maßnahmen – beispielsweise das Umsetzen eines Schülers mit Hörproblemen in die letzte Reihe – wären unzulässig. Ebenso wäre es unzulässig, einen Schüler zu einem anderen umzusetzen, der ihn nur ablenkt.

11. Habe ich ein Recht darauf, im Unterricht ein Kopftuch zu tragen?

Im Normalfall ja.

Hintergrund: Das Bundesverfassungsgericht hat jüngst entschieden, dass für muslimische Lehrkräfte das Kopftuchverbot unzulässig ist.[1] Damit dürfen muslimische Lehrkräfte an Schulen in Deutschland Kopftücher tragen.

Das Gericht hat eine Ausnahme gemacht: Wenn es in der Schule zu Konflikten kommt, weil die Lehrkraft ein Kopftuch trägt, darf das Kopftuch verboten werden. Dazu müssen aber wirkliche Streitfälle entstanden sein. Auch müssen diese Streitfälle so schlimm sein, dass der Schulfrieden gestört wird.

Aber was ist nun mit den Schülerinnen? Dürfen Schülerinnen das Kopftuch tragen?

Darauf kann die Antwort nur sein: Wenn die Lehrkraft ein Kopftuch tragen darf, dann darf es die Schülerin auch. Dies folgt aus dem Gleichbehandlungsgrundsatz (Art. 3 GG). Danach sind alle Menschen vor dem Gesetz gleich. Und das Recht, das Kopftuch zu tragen, folgt aus der Religionsfreiheit (Art. 4 GG).

12. Darf ein Lehrer eintragen, dass ich zehn Minuten zu spät zum Unterricht gekommen bin, wenn ich nur zwei Minuten zu spät gekommen bin?

Nein. Lehrer sind wahrheitspflichtig. Sie dürfen keine falschen Angaben über Schülerverhalten dokumentieren.

Einträge über Fehlzeiten dürfen von Lehrern notiert werden. In der Regel erfolgen solche Einträge in das Klassenbuch. Bei falschen Eintragungen sollte zunächst der Lehrer darauf angesprochen werden. Er sollte aufgefordert werden, die Eintragung zu korrigieren. Wenn der Lehrer sich weigert, sollte die Schulleitung informiert werden.

Wichtig: Häufig besteht Streit, ob der Eintrag richtig oder falsch ist. Ob jemand zwei oder zehn Minuten zu spät gekommen ist, kann meistens die ganze Klasse bestätigen. Dann sollte die Klassengemeinschaft zum Lehrer gehen und ihn um eine Korrektur bitten.

Kapitel III

Psychische Gewalt, Willkür und Übergriffe

13. Darf ein Lehrer in mein Zeugnis schreiben, dass ich psychisch krank sei und zum Arzt gehen müsse?

Beispiel: Der Lehrer hat dem Schüler Arno folgende Bemerkung in sein Zeugnis geschrieben: »Damit Arno seine Sozialkompetenzen erweitern kann, sind eine fachärztliche Abklärung und eine therapeutische Begleitung dringend erforderlich.«

Arno wendet ein, er sei beim Facharzt gewesen, und dieser habe keine Auffälligkeit festgestellt. Darüber habe er der Schule auch berichtet. Er will, dass die Bemerkung gelöscht wird. Zu Recht?

Ja, Arno kann verlangen, dass die Bemerkung gelöscht wird. In Zeugnissen finden sich häufig Anmerkungen über den Schüler, zum Beispiel auch zum Arbeits- und Sozialverhalten. Die Lehrer haben bei solchen Bemerkungen einen pädagogischen Spielraum. Dieser Spielraum endet, wenn die Bemerkung falsch oder unsachlich ist.[2]

Im vorliegenden Beispiel hat Arno nachgewiesen, dass der Arzt keine Erkrankung festgestellt hat. Der Arzt hat auch festgestellt, dass Arno keine Therapie benötigt. Wenn der Lehrer dennoch in das Zeugnis schreibt, Arno solle zum Arzt gehen und brauche eine Therapie, ist das nach unserer Auffassung unsachlich. Denn der Lehrer stellt sich damit über die ärztliche Diagnose, obwohl er kein Arzt ist. Der Lehrer könnte sonst praktisch immer wieder einen neuen Arzt fordern.

Tipp: Wenn der Lehrer weiter ärztliche Hilfe für nötig hält, könnte ein Gespräch zwischen Facharzt, Lehrer und Eltern sinnvoll sein.

14. Darf ein Lehrer mich anschreien?

Schüler haben ein Recht auf eine gewaltfreie Erziehung. Seelische Verletzungen und entwürdigende Maßnahmen sind verboten. Dazu ein Beispiel:

In einer Klasse ist es laut gegen Ende der Stunde. Robin wirft mit Papierkügelchen, Feline und Jessica kichern. Der Lehrer steht vor der Klasse und schreit: »Robin, Feline und Jessica: Ruhe jetzt! Was fällt euch ein?«

Robin, Feline und Jessica haben ein Recht auf eine gewaltfreie Erziehung. Wenn der Lehrer schreit, liegt darin keine Gewaltanwendung. Aber vielleicht eine seelischen Verletzung?

Wenn in dem Schreien eine seelische Verletzung liegt, ist es dem Lehrer verboten. Hier kommt es auf alle Umstände an, zum Beispiel:

* Wie laut hat der Lehrer geschrien?
* Trägt der Schüler eine Mitschuld?
* Hätte der Lehrer anders reagieren können?

Im vorliegenden Beispiel steht der Lehrer vor der Klasse und schreit, weil Robin, Jessica und Feline den Unterricht stören. Die Grenze des Erlaubten ist hier unserer Meinung nach noch nicht überschritten. Dennoch sollte der Lehrer überlegen, ob er die Schüler auch anders beruhigen kann.

Wenn der Lehrer jedoch zu Robin geht und ihm direkt ins Ohr schreit, so wäre das auf jeden Fall verboten. Denn das wäre sicher entwürdigend.

15. Darf ein Lehrer mir Kaufempfehlungen geben?

Beispiel: In der Klasse 8 a wird im Unterricht über Sneakers gesprochen. Der Lehrer empfiehlt seinen Schülern, ausschließlich Sneakers der Marke *Puma* zu kaufen. Der Klassensprecher meint, der Lehrer dürfe keine Kaufempfehlungen geben. Zu Recht?

Hier gilt: Informieren ja. Empfehlen nein.

Lehrer sind an Unterrichtsinhalte gebunden. Kaufempfehlungen sind kein Unterrichtsinhalt. Dennoch kann im Unterricht durchaus das Gespräch auf Modeartikel kommen. Dann darf der Lehrer über bestimmte Produkte informieren. Kaufempfehlungen sind aber unzulässig. Zulässig wäre hingegen etwa der Hinweis auf weitere Quellen, wo sich die Schüler informieren können (zum Beispiel die Stiftung Warentest).

Werbung und Sponsoring ist in Schulen in der Regel inzwischen in geringem Umfang erlaubt, und zwar dann, wenn der Werbeeffekt hinter dem pädagogischen Nutzen deutlich zurücktritt. Denkbar wäre beispielsweise, dass ein Getränkemarkt zum Sportfest Getränke spendet und dazu einen Stand aufstellt, an dem das Logo des Getränkemarkts zu sehen ist.

Tipp: Sponsoring kann Schulereignisse (Sportfeste, Projektwochen) erheblich aufwerten. Solange der pädagogische Nutzen im Vordergrund steht, ist Werbung in so einem Fall zulässig.

16. Dürfen Lehrer andere Schüler bevorzugen und mich benachteiligen?

Alle Schüler haben das Recht auf gleiche Behandlung. Dies garantiert der Gleichbehandlungsgrundsatz (Art. 3 GG).

Allerdings dürfen Schülern mit Beeinträchtigungen Vorteile gewährt werden. Ein Beispiel dafür ist ein Ausgleich für Schüler mit Leseschwierigkeiten und Schreibschwierigkeiten (Legasthenie): Ihnen kann ein Ausgleich zum Beispiel durch eine verlängerte Bearbeitungszeit für eine Aufgabe gegeben werden. Ähnlich verhält es sich mit anderen Hilfestellungen wie etwa einer Schulbegleitung für Schüler mit Verhaltensschwierigkeiten. Schüler mit anderen Beeinträchtigungen (zum Beispiel einer Hörschwäche) haben das Recht auf einen Förderschullehrer.

Die Lehrer sind nach dem Gesetz verpflichtet, die jeweils nötigen Hilfestellungen für einen Schüler zu ermitteln. Um zu prüfen, ob der Schüler die Hilfe braucht, müssen Tests gemacht werden. Durch solche Tests kann festgestellt werden, ob zum Beispiel eine Hörschwäche vorliegt. Der Schüler hat ein Recht darauf, dass er einen Nachteilsausgleich erhält, wenn er so eine Beeinträchtigung hat.

Wichtig hierbei ist: Die genannten Vorteilsgewährungen haben nur den Zweck, Nachteile auszugleichen.

Fazit: Alle Schüler müssen gleich behandelt werden. Schülern mit Beeinträchtigungen dürfen aber Vorteile gewährt werden: Diese müssen den Sinn haben, einen Ausgleich für die Beeinträchtigung zu bieten.

17. Darf ein Lehrer mich streicheln oder meine Schulter mehrmals anfassen?

Nein, sicher nicht.

Es kommt immer wieder vor, dass sich Schüler/ Schülerinnen in Lehrer/Lehrerinnen verlieben. Jedes Jahr sorgen Skandale aus Schulen für Aufmerksamkeit in der Öffentlichkeit. Vielfach geht es um sexuelle Kontakte zwischen Lehrern und minderjährigen Schülern.

Wie verhält man sich dann am besten?

Die Regel ist einfach: Lehrer sollten Nähe zu Schülern vermeiden. Verliebt sich ein Lehrer/eine Lehrerin in einen Schüler/eine Schülerin, dann sollten nähere Kontakte einfach unterlassen werden. Kommt es zu sexuellen Handlungen mit Schülern unter 16 Jahren, droht dem Lehrer ein Verfahren wegen sexuellen Missbrauchs von Jugendlichen (§ 182 StGB).

Auch andere Annäherungsversuche (zum Beispiel das Anfassen an der Schulter) sind nicht erlaubt. Sie können erhebliche dienstliche Konsequenzen für den Lehrer haben. Ein Schulterklopfen zur Motivation ist aber zulässig.

18. Darf ein Lehrer in die Umkleidekabine der Schüler mit dem anderen Geschlecht?

Nach dem Sportunterricht zieht sich Claudia in der Mädchenumkleidekabine um. Sie erleidet einen Schwächeanfall und liegt plötzlich bewusstlos auf dem Boden der Umkleide. Mitschülerinnen informieren den Sportlehrer, Herrn Froh. Dieser kommt in die Umkleide und hilft Claudia. In der Umkleide laufen Mitschülerinnen nackt herum, weil sie nach dem Sport duschen. Die Klasse fragt sich später, ob Herr Froh als Mann überhaupt in die Mädchenumkleide hineindurfte?

Diese Situation ist nicht einfach. Einerseits muss jeder Lehrer die Privatsphäre der Schüler beachten. Andererseits hat der Lehrer die Aufsichtspflicht. Ein Verbot, den Umkleidebereich des anderen Geschlechts zu betreten, ist daher nur möglich, wenn es immer zwei Sportlehrer (männlich und weiblich) gibt. Denn in Deutschland sind die Klassen auch im Sportunterricht meistens gemischt.

Die Lösung liegt daher in einem Kompromiss:

Eine Lehrkraft darf nur in Ausnahmesituationen in die Umkleide des anderen Geschlechts.

Im vorliegenden Beispiel brauchte Claudia Hilfe. Es ist nun abzuwägen: Claudia zu helfen ist wichtiger, als sie liegen zu lassen, bis alle anderen Mädchen weg sind. Um die Intimsphäre zu wahren (nackte Mädchen bzw. Jungen in der Dusche), kann die Lehrkraft einen Schüler bzw. eine Schülerin vorschicken. Der kann dann ausrichten, dass der Lehrer in Kürze kommt und sich die Schüler bis dahin anziehen sollen.

Ohne besonderen Grund aber haben Lehrkräfte in der Umkleide des anderen Geschlechts nichts zu suchen. Denn der Sportlehrer unterrichtet Sport. Dazu muss er beim Aus- und Anziehen oder gar beim Duschen nicht mit dabei sein. Es ist schlichtweg kein Unterrichtsinhalt, beim anderen Geschlecht in der Umkleide zu sitzen.

Etwas anderes gilt namentlich in Grundschulen, wenn die Sportlehrer in die Umkleidekabinen gehen und Schüler, die beim Umziehen Schwierigkeiten haben, unterstützen. Eine solche Unterstützung ist zulässig.

19. Darf ein Lehrer mich beleidigen, piesacken oder mobben?

Nein. Beleidigungen, Mobbing oder Piesacken sind in der Schule nicht erlaubt.

Hintergrund: Seelische Verletzungen und andere entwürdigende Maßnahmen sind in der Schule nicht erlaubt (§ 1631 BGB). Selbst wenn ein Schüler viel stört und der Lehrer davon genervt ist, darf der Lehrer den Schüler nicht beleidigen.

Tut der Lehrer es doch, so hat er eine Straftat begangen. Nach dem Strafgesetz ist eine Beleidigung strafbar (§ 185 StGB). Der Schüler kann dann bei der Polizei Strafanzeige erstatten. Bei einer Beleidigung droht nach dem Gesetz eine Geldstrafe oder eine Freiheitsstrafe bis zu einem Jahr. Einem Lehrer drohen dann aber auch berufliche Konsequenzen.

Mobbing oder Piesacken von Schülern ist ebenfalls verboten. Freilich: Eine Beleidigung (»Arschloch« oder Ähnliches) ist leicht zu erkennen. Beim Piesacken oder Mobbing ist das schwieriger.

20. Darf ein Lehrer Lügen über mich verbreiten?

Ein klares Nein. Niemand darf Lügen über andere Personen verbreiten, weder der Lehrer noch sonst irgendjemand.

Mit Lügen sind falsche Aussagen gemeint, zum Beispiel jene, der Schüler sei verlogen. Verboten sind allerdings nur ehrverletzende Aussagen. Nicht verboten sind Aussagen wie »Der Schüler ist Albert Einstein«. Zwar ist diese Aussage falsch, aber die Äußerung ist nicht abfällig gemeint.

Wenn ein Lehrer ehrverletzende Lügen über einen Schüler verbreitet, kann vom Lehrer Unterlassung verlangt werden gemäß § 1004 BGB. In einer Unterlassungserklärung muss dann der Lehrer unterschreiben, dass er künftig solche Aussagen unterlässt und eine Strafe zahlt, wenn er sie doch tätigt.

Auch kann eine Straftat vorliegen: Wer Lügen verbreitet, verwirklicht häufig den Straftatbestand der üblen Nachrede (§ 186 StGB) oder Verleumdung (§ 187 StGB). In solchen Fällen kann Strafanzeige bei der Polizei erstattet werden.

Kapitel IV:

Schulausfall und Schulausschluss

21. Habe ich im Sommer ein Recht auf Hitzefrei?

Ja – aber nur dann, wenn der Schulleiter Hitzefrei gegeben hat.

Die Entscheidung über Hitzefrei ist möglich, wenn der Unterricht wegen Hitze nicht möglich oder schwer beeinträchtigt ist. Die Entscheidung darüber liegt beim Schulleiter.

Wichtig: Wenn die eine Schule Hitzefrei gibt, muss es die andere nicht auch tun. Das kann daran liegen, dass die eine Schule in der prallen Sonne liegt (Unterricht nicht möglich), die andere im Schatten (Unterricht möglich).

Hitzefrei ist bei den Schülern beliebt, bei den Eltern hingegen nicht ganz so. Denn wenn die Kinder schulfrei haben, müssen sie nach Hause. Das ist schwierig, wenn die Eltern arbeiten. Daher gibt es Regelungen, wonach Kinder in Grundschulen nur mit Zustimmung der Eltern nach Hause geschickt werden dürfen.[3]

Gibt es kein Hitzefrei, aber ein Schüler kollabiert hitzebedingt, so kann dieser einzelne Schüler vom Unterricht befreit werden.

22. Habe ich ein Recht, bei Sturm zu Hause zu bleiben?

Bei gefährlicher Wetterlage kann die Schulbehörde entscheiden, dass kein Unterricht stattfindet. Dies ist denkbar bei Sturm, Hagel, Hochwasser, Starkregen oder Ähnlichem – wenn also die Gefahr besteht, dass die Schüler nicht sicher die Schule erreichen oder verlassen können. Wenn dann ein Unterrichtsausschluss angeordnet wird, muss das über Internet, TV und Radio bekannt gemacht werden.

Der Schüler hat also nur das Recht, zu Hause zu bleiben, wenn die Schulbehörde den Unterrichtsausfall angeordnet hat. Es gibt aber auch Sonderfälle. Hier zwei Beispiele:[4]

Beispiel 1: Der Schultag beginnt bei gutem Wetter. Dann zieht ein Tornado auf. Laut Wetterbericht wird er gegen Mittag die Schule erreichen.

In diesem Fall sind die Schüler schon in der Schule. Dann kann der Schulleiter entscheiden und bei Gefahr die Schüler nach Hause schicken.

Beispiel 2: Ein Schüler wohnt in einem Waldgebiet. Nachts war ein Sturm. Viele Bäume, die seinen Schulweg säumen, sind umgefallen. Es ist aber kein Unterrichtsausfall angeordnet. Die Eltern wollen ihren Sohn dennoch so lange zu Hause lassen, bis die Bäume weggeräumt sind.

Das wäre zulässig. Hier liegt eine extreme Sondersituation vor. In so einem Fall dürfen die Eltern den Schüler zu Hause behalten, auch dann, wenn kein Unterrichtsausfall angeordnet ist.

23. Habe ich ein Recht darauf, während der Pause drinnen im Schulgebäude zu bleiben, wenn es draußen im Winter zu kalt ist?

An einem eiskalten Schultag (das Thermometer zeigt minus 20 Grad) will die Schülerin Katja in der großen Pause im Schulgebäude bleiben. Der

Lehrer schickt sie dennoch raus auf den Schulhof. Katja meint, ihr sei es da zu kalt. Nun stellt sich die Frage: Darf Katja im Schulgebäude bleiben?

Viele Schulen regeln (in der Schulordnung), dass bei Kälte, Regen oder Schnee die Schüler im Schulgebäude bleiben dürfen. Gibt es keine Regelung, so entscheidet der Schulleiter (Rektor). Denn er hat das Hausrecht in der Schule. Da Schüler auch bei Kälte, Regen oder Schnee den Schulweg schaffen müssen, können Schüler in der Regel auch bei Kälte, Regen oder Schnee auf den Pausenhof.

Droht allerdings eine Gefahr für die Schüler, dürfen sie im Schulgebäude bleiben (etwa bei Hagel).

Für unser Beispiel gilt: Wenn es keine Schulordnung gibt und Katja Winterbekleidung dabeihat, so muss sie die Anordnung der Schulleitung befolgen und die Pause draußen verbringen. Wenn sie damit nicht einverstanden ist, muss sie zum Rektor gehen und ihre Einwände gegen seine Anordnung vorbringen, um dadurch möglicherweise die Erlaubnis zu erhalten, im Gebäude bleiben zu dürfen.

Tipp: Schaut in eure Schulordnung. Viele Schulordnungen haben Regeln dafür.

24. Darf mir der Lehrer einen Schul-
ausschluss androhen, wenn ich die
Note einer Klassenarbeit gefälscht
habe?

Beispiel: Henrik aus der 9. Klasse erhält die Note
Fünf in Mathe. Der Lehrer gibt den Schülern die
Arbeit für drei Tage mit nach Hause, damit die
Eltern sie unterschreiben können. Henrik hat
Angst, dass er sitzenbleibt. Er schreibt die Arbeit
nun noch einmal mit anderer Lösung ab, fälscht
mit rotem Stift die Korrektur, gibt sich dann
die Note Drei und gibt die Arbeit unterschrieben
zurück. Bei der Notenkonferenz bemerkt der Lehrer
alles.

Henrik bekommt eine Klassenkonferenz. Auf
einer solchen wird in Anwesenheit des Schülers
darüber verhandelt, ob ein Schulausschluss möglich ist. Der Schüler kann sich dort verteidigen.

Auf der Klassenkonferenz wird Henrik der Schulausschluss angedroht. Begründung: Fälschung einer Klassenarbeit. Henrik meint, das sei zu hart.

Doch die Androhung vom Schulausschluss ist zulässig. Solche Maßnahmen sind erlaubt, wenn Schüler erhebliche Verstöße begehen. Im vorliegenden Fall ist die Manipulation der Note einer Klassenarbeit ein erheblicher Verstoß. Er könnte Auswirkung auf die Zeugnisnote und sogar die Versetzung haben.

Andererseits genügt in diesem Fall auch die Androhung vom Schulausschluss. Ein direkter Schulausschluss wäre zu hart. Denn Henrik ist noch jung, und jeder macht mal einen Fehler. Durch die bloße Androhung hat Henrik die Möglichkeit, aus seinem Fehler zu lernen.

Wenn die Schule den Vorfall beim Staatsanwalt anzeigt, dann bekommt Henrik zusätzlich noch ein Strafverfahren wegen Urkundenfälschung (§ 267 StGB) bzw. Urkundenunterdrückung (§ 274 StGB).

25. Ich habe wegen ADHS den Unterricht gestört. Darf ich dann vom Unterricht ausgeschlossen werden?

Ein Ausschluss vom Unterricht ist möglich, wenn ein Schüler den Unterricht massiv stört. Bei Schülern mit ADHS kommt so etwas öfter vor. Allerdings kann man dem Schüler eine Störung kaum vorwerfen, wenn er sie wegen ADHS begangen hat. Denn der Schüler kann ja nichts dafür, dass er ADHS hat. Die Schule kann nicht erwarten, dass nur Schüler zu ihr kommen, die keinerlei Probleme haben.

Die Qualität eines Lehrers zeigt sich vor allem im Umgang mit »Problemkindern«. Bei Schülern mit ADHS müssen daher weitere Lösungen gesucht werden, nämlich beispielsweise:

• das Gespräch mit den Eltern
• die Einbeziehung des schulpsychologischen Dienstes
• Maßnahmen außerhalb der Schule (durch die Eltern)

Schülern mit ADHS muss geholfen werden. Ihnen muss auch das Gefühl vermittelt werden, dass Sie Hilfe bekommen. Ein Ausschluss vom Unterricht allein kann daher ein falsches Signal sein.

26. Darf mir der Lehrer die Teilnahme am Klassenausflug verweigern?

In aller Regel dürfen alle Schüler einer Klasse beim Klassenausflug dabei sein. Das ist auch wichtig. Denn solche Ausflüge stärken die Klassengemeinschaft. Zudem kann ein Schüler in eine Außenseiterrolle geraten, wenn er nicht teilnehmen darf.

Der Lehrer muss sich aber sicher sein, dass die Schüler seine Anweisungen befolgen. Denn er ist dafür verantwortlich, dass alle Schüler wieder gesund zurückkommen. Daher darf der Lehrer einen Schüler vom Klassenausflug ausschließen, wenn er befürchtet, dass dieser Schüler Probleme bereiten wird. Es müssen dann aber von dem Schüler bereits schwere Verstöße begangen worden sein: Beispielsweise muss er den Unterricht schwer gestört haben. Bedeutsam ist vor allem, ob er auf Ermahnungen reagiert. Wenn nicht, ist es für den Lehrer schwierig, so einen Schüler mit auf einen Ausflug zu nehmen. Ferner muss der Lehrer (zum Beispiel mit den Eltern des Schülers) versucht haben, eine Lösung zu finden: Denkbar wäre etwa, dass eine Begleitperson den Klassenausflug begleitet.

Je nach Bundesland und Schulgesetz muss gegebenenfalls die Klassenkonferenz über den Ausschluss vom Klassenausflug entscheiden.

27. Darf der Lehrer meinen Eltern den Elternsprechtag verweigern?

Beispiel: Maik (neun Jahre) ist ein »Problemkind«. Alle Eltern von Maiks Mitschülern erhalten im März eine Einladung zum Elternsprechtag. Nur Maiks Eltern werden nicht eingeladen. Maik meint, auch seine Eltern müssten eine Einladung erhalten. Zu Recht?

Ja. Denn die Eltern haben ein Recht auf den Elternsprechtag. Grund: Die Schule muss die Eltern über den Entwicklungsstand des Kindes informieren.[5] Schulen machen das zumeist im Rahmen von Elternsprechtagen. Wenn also ein Elternsprechtag anberaumt wird, müssen alle Eltern gleich behandelt und dazu eingeladen werden.

Wichtige Ausnahme: Wenn ein Elternteil den Elternsprechtag nutzen will, um den Lehrer zu beschimpfen, kann ihm der Elternsprechtag verweigert werden.[6] Das geht aber nur, wenn ein Elternteil schon vor dem besagten Elternsprechtag den Lehrer »belästigt« hat – also nur dann, wenn die Schule ernsthaft auf dem Elternsprechtag mit Beschimpfungen rechnen muss.

Fazit: Ein Elternsprechtag steht allen Eltern zu. Ein Lehrer darf sich nicht nur die Eltern einladen, mit denen er gerne sprechen möchte.

28. Beendet der Lehrer oder das Klingeln den Unterricht?

Grundsätzlich gilt: Der Lehrer, nicht der Schulgong beendet den Unterricht.

Für die Unterrichtszeiten ist von Rechts wegen nur ein Rahmen festgelegt, an den sich die Schulen bei der Festlegung ihrer Unterrichtszeiten zu halten haben (und an die wiederum der Lehrer gebunden ist):

- Der Unterrichtsbeginn soll in der Regel nicht vor 7.30 Uhr liegen.
- Eine Schulstunde soll an allgemein bildenden Schulen nicht länger als 45 Minuten dauern.
- Bei fünf Stunden Unterricht soll es Pausen von mindestens 40 Minuten geben.[7]

Nach dieser Regelung soll der Lehrer in aller Regel die Stunde nach 45 Minuten beenden. Schlägt jedoch der Gong und der Lehrer benötigt noch fünf Minuten länger, so endet der Unterricht fünf Minuten später. Denn die Schüler haben die Anordnungen des Lehrers zu befolgen.

Bei der Entstehung dieses Buches war keine Gerichtsentscheidung zu diesem Thema aufzufinden. Es ist also kein wirklicher Streitpunkt in Schulen. Der Grund mag darin liegen, dass Schüler und Lehrer gleichermaßen interessiert sind, die Schulstunden nach 45 Minuten zu beenden.

Kapitel V:

Gewalt und Schmerzensgeld

29. Kann ich Schmerzensgeld von der Schule verlangen, wenn ich auf dem Radweg zu einer Schulveranstaltung einen Unfall hatte?

Ein Beispiel:

Die Schüler Anke, Michael und Christine fahren mit dem Rad von der Schule zum Sportfest zur ein Kilometer entfernten Mehrkampfanlage. Andere Schüler gehen zu Fuß. Christine fährt vorneweg. Als sie bremsen muss, fährt Michael auf sie auf und fällt vom Rad auf die Straße. Ein nachfolgender LKW überrollt ihn. Michael hat schwere Verletzungen. Später verlangt er Schmerzensgeld von der Schule. Zu Recht?

Nein, Michael kann kein Schmerzensgeld verlangen. Schmerzensgeld steht ihm nur dann zu, wenn die Schule eine Aufsichtspflicht hatte. Bei Schulveranstaltungen besteht eine Aufsichtspflicht. Das Sportfest ist eine Schulveranstaltung. Daher besteht dort eine Aufsichtspflicht.

Vorliegend geht es aber um den Weg zu dieser Schulveranstaltung. Hier ist zu unterscheiden: Wenn die Schule die Überwachung des Weges übernimmt (zum Beispiel in der Form, dass alle Schüler in Begleitung des Lehrers den Weg zurücklegen), besteht eine Aufsichtspflicht der Schule.

Im vorliegenden Fall war es aber anders. Die einen Schüler fahren mit dem Rad, andere gehen zu Fuß. Eine Aufsicht gibt es nicht. Die Verantwortung liegt daher bei den Eltern. Wenn die Eltern den Kindern erlauben, mit dem Rad zu fahren, liegt das Risiko bei ihnen.[8] Hier haben die Eltern Anke, Michael und Christine erlaubt, mit dem Rad zu fahren. Eine Verantwortung der Schule scheidet also aus, sie muss dem Schüler kein Schmerzensgeld zahlen.

30. Steht mir Schmerzensgeld zu, wenn ich in der Schule in eine Glastür falle?

Beispiel: Der 13-jährige Hans rennt durch das Schulgebäude, um rechtzeitig zum Unterricht zu kommen. Er übersieht eine Glastür und prallt ungebremst dagegen. Die Scheibe splittert, und Hans erleidet schwere Schnittverletzungen. Hans verlangt daraufhin Schmerzensgeld von der Schule. Die Schule beruft sich hingegen auf die Schulordnung, wonach Schüler im Schulgebäude nicht rennen dürfen.

Doch Hans steht in der Tat Schmerzensgeld zu. Hintergrund: Schulgebäude müssen so eingerichtet sein, dass es möglichst keine Verletzungsgefahr gibt.[9] Bei Türen beispielsweise müsste daher bruchsicheres Glas verwendet werden oder Holz oder Eisen. Die Schule muss jedenfalls damit rechnen, dass Schüler mitunter ungebremst gegen eine Tür prallen.

Die Schulordnung ändert daran nichts: Zwar kann man Kindern das Rennen verbieten, aber jedermann weiß, dass Kinder sich daran nicht immer halten. Zudem ist es typisch, dass Kinder in Schulen manchmal in Eile sind, zum Beispiel dann, wenn sie noch rechtzeitig zum Unterricht kommen wollen oder wenn sie dringend auf die Toilette müssen.

Fazit: Der Einsatz von Glastüren, die splittern können, ist zu gefährlich im Schulbetrieb. Verletzt sich ein Schüler an einer solchen Glastür, steht ihm Schmerzensgeld zu.

31. Darf ein Lehrer mich einfach so beschuldigen und mir eine Strafe auferlegen, ohne dass ich mich verteidigen kann?

Beispiel: Der Schüler Anton schlägt den Schüler Leon im Matheunterricht. Der Fachlehrer wendet sich an Anton: Er sagt ihm, er sei ab sofort für drei Wochen vom Unterricht ausgeschlossen. Anton verteidigt sich damit, dass Leon ihn angegriffen habe. Der Lehrer will das nicht hören. Er besteht darauf, dass Anton den Unterricht verlässt. Anton meint, das dürfe der Fachlehrer nicht anordnen.

Anton hat recht. Über schwerwiegende Sanktionen gegen Schüler entscheidet die Klassenkonferenz. Ein Ausschluss vom Unterricht für drei Wochen ist sehr schwerwiegend. Der Fachlehrer müsste also dafür sorgen, dass wegen dieser

Angelegenheit eine Klassenkonferenz anberaumt wird.

In besonders schwierigen Fällen könnte der Schüler allerdings bis zur Klassenkonferenz mit sofortiger Wirkung vom Schulbetrieb ausgeschlossen werden. Das ist dann möglich, wenn andernfalls zum Beispiel Mitschüler gefährdet wären. In so einem Fall muss die Konferenz aber wenige Tage später stattfinden. In der Klassenkonferenz hat dann jeder Schüler das Recht, sich zu verteidigen.

In unserem Beispiel hat Anton ein Recht auf eine Klassenkonferenz. Dort kann er sich verteidigen. Danach muss die Konferenz entscheiden.

32. Darf ein Lehrer mir gegenüber handgreiflich werden?

Ein klares Nein. Denn Lehrer dürfen nicht mehr als Eltern, und in Deutschland ist die Züchtigung von Kindern (etwa mit Schlägen) nicht mehr zulässig. Was viele nicht wissen: Das steht dezidiert so im Gesetz (§ 1631 Abs. 2 BGB):

Kinder haben ein Recht auf gewaltfreie Erziehung. Körperliche Bestrafungen, seelische Verletzungen und andere entwürdigende Maßnahmen sind unzulässig.

Was aber, wenn der Lehrer einem Schüler dennoch eine Ohrfeige gegeben hat?

Dann hat der Lehrer eine Straftat begangen. Es liegt eine Körperverletzung vor (§ 223 StGB). Lehrer sind als Beamte Amtsträger, daher liegt in so einem Fall sogar eine Körperverletzung im Amt vor (§ 340 StGB). Dem Lehrer droht deswegen eine Freiheitsstrafe zwischen drei Monaten und fünf Jahren.

33. Habe ich ein Recht auf einen Klassenraum, der nicht unterkühlt ist?

Wenn im Winter in der Schule die Heizung streikt, bleibt manche Schule geschlossen. Es gibt dann Kältefrei nach Heizungsdefekt.

Hintergrund ist, dass Unterricht nur bei warmer Zimmertemperatur möglich ist. Bei einem Heizungsdefekt können die Räume in Schulen aber auf die Außentemperatur abkühlen, und Unterricht bei fünf Grad Zimmertemperatur ist nicht möglich. Dann gibt es Kältefrei.

Aber wie viel Grad sollten in Klassenräumen herrschen? Das Gesetz regelt dazu, dass in Klassenräumen eine Umgebungstemperatur von 20 Grad gewährleistet sein soll.[10] Wird diese Temperatur erheblich unterschritten, müssen die Schüler vom Unterricht befreit werden.

Tipp: Wem es im Klassenzimmer zu kalt ist, der soll dort die Temperatur messen. Bei deutlich weniger als 20 Grad sollte der Klassenlehrer oder die Schulleitung informiert werden.

34. Darf ein Lehrer einfach so zuschauen, wenn jemand mir Unrecht tut?

Beispiel: Auf dem Schulhof wird Peter von Hans und Anton angegriffen. Hans und Anton schlagen ihn. Der Lehrer Hager steht auf dem Pausenhof und sieht zu. Er schreitet nicht ein. Später meint Peter, der Lehrer hätte ihm helfen müssen. Zu Recht?

Ja – der Lehrer Hager hätte hier eingreifen müssen. Lehrer müssen eingreifen, wenn Schüler in Gefahr sind. Typische Situationen sind Übergriffe von Schülern auf andere Schüler. Wenn ein Lehrer solche Übergriffe bemerkt, muss er tätig werden.

Etwas schwieriger ist die Situation bei Übergriffen, die von Lehrern schwerer bemerkt werden, zum Beispiel das Mobbing von Schülern. Hier sollte der Lehrer darauf hingewiesen werden, wenn ein Schüler gemobbt wird.

Im vorliegenden Beispiel hat Peter also recht: Der Lehrer hätte ihm helfen müssen.

35. Muss der Lehrer Schmerzensgeld zahlen, wenn sich ein Schüler während der Pause auf dem Schulhof verletzt?

Ein Beispiel aus der 7. Klasse: Bruno steht auf dem Pausenhof und isst sein Pausenbrot. Drei andere

Schüler spielen währenddessen ein wildes Verfolgungsspiel. Bei diesem Spiel wird Bruno angerempelt. Er fällt unglücklich hin und erleidet einen Armbruch.

Der Lehrer Reich hat währenddessen Pausenaufsicht. Er hat den ganzen Vorfall beobachtet und dabei zugesehen. Bruno verlangt anschließend vom Lehrer Reich Schmerzensgeld für den Armbruch. Zu Recht?

Richtig ist: Im vorliegenden Fall kann Schmerzensgeld verlangt werden. Denn der Lehrer muss bei der Pausenaufsicht aufpassen, dass sich kein Schüler verletzt. In diesem Fall hätte der Lehrer das wilde Verfolgungsspiel verbieten müssen. Als Pausenaufsicht war er dazu verpflichtet.

Wichtig ist aber auch: Das Schmerzensgeld muss nicht der Lehrer selbst zahlen, sondern sein Arbeitgeber (also das Bundesland, für das er tätig ist).

Anmerkung: Bruno könnte zudem von den Mitschülern Schmerzensgeld verlangen, die seinen Armbruch verursacht haben. Dies könnte dazu führen, dass der Ersatzanspruch gegen das Land entfällt. (Eine weitergehende Darstellung dazu würde den Rahmen dieses Buches allerdings sprengen.)

36. Muss der Lehrer nach einem Unfall im Sportunterricht Schmerzensgeld zahlen?

Beispiel: Im Sportunterricht der 8. Klasse lässt der Sportlehrer eine schwere Übung am Reck turnen. Schüler Emil, der schwergewichtig und unsportlich ist, stürzt bei der Übung auf den Kopf. Emil meint anschließend, die Übung sei zu schwer für ihn gewesen. Er will wissen, ob der Sportlehrer ihm deswegen Schmerzensgeld zahlen muss.

Ja, Emil kann hier Schmerzensgeld verlangen. Der Sportlehrer musste damit rechnen, dass Emil sich verletzt, denn die Übung war schwer und der Schüler unsportlich. Die Übungen im Sportunterricht müssen so ausgeführt werden, dass die Gefahr für die Schüler so niedrig wie möglich gehalten wird. Dabei muss auf die Fähigkeiten der einzelnen Schüler Rücksicht genommen werden.

Der Sportlehrer hätte hier also für Emil eine leichtere Turnübung anbieten müssen.

Da die Turnübung für den Schüler zu schwer und daher zu gefährlich war, muss an ihn Schmerzensgeld gezahlt werden. Wichtig aber auch hier: Das Schmerzensgeld zahlt der Arbeitgeber des Sportlehrers – also das jeweilige Bundesland, nicht der Lehrer selbst.

Kapitel VI:

Darf der Lehrer mir das verbieten?

37. Darf mir der Lehrer die Einsicht in meine Schülerakte verweigern?

Beispiel: Martin (10. Klasse) war auf Klassenfahrt. Es gab Alkoholverbot. Martin hat dennoch Alkohol getrunken. Darüber hat der Lehrer Grimm einen Bericht geschrieben. Der Bericht befindet sich nun in Martins Schülerakte. Martin möchte den Bericht lesen, doch der Lehrer verweigert dies. Martin möchte wissen, ob er das Recht hat, seine Schülerakte einzusehen, um den Bericht zu lesen.

Ja, Martin hat Anspruch darauf, seine Schülerakte einzusehen.[11] Das Recht auf Akteneinsicht kann nur in Extremfällen verweigert werden, etwa dann, wenn durch die Akteneinsicht der Schulbetrieb nicht aufrechterhalten werden kann. Solche Fälle sind aber in Schulen kaum denkbar. Teilweise dürfen minderjährige Schüler die Akte nicht selbst einsehen, sondern das Recht steht nur ihren Eltern zu.[12]

Tipp: Bittet einige Tage vorher um einen Termin zur Einsicht in die Schülerakte. Nach dem Gesetz kann man zwar jederzeit Einsicht nehmen, aber die Schulen sind selbst manchmal nicht gut informiert darüber, ob der Schüler das Recht auf Einsicht hat oder nicht. Wenn ihr der Schule einige Tage Zeit gebt, um sich darüber Klarheit zu verschaffen, kann Streit vermieden werden.

38. Darf mir der Lehrer verbieten, in der Pause das Schulgelände zu verlassen?

Katja und Sonia gehen in die 5. Klasse. Gleich neben der Schule, in rund 20 Meter Entfernung, liegt eine Eisdiele. Im Sommer wollen sie sich in der großen Pause dort ein Eis holen. Als sie die Schule verlassen wollen, hält sie ein Lehrer auf. Darf der Lehrer ihnen verbieten, die Schule zu verlassen?

In den Schulordnungen und Schulgesetzen ist geregelt, dass Schüler in den Jahrgängen 1 bis 10 das Schulgelände in einem bestimmten Zeitrahmen nicht selbständig verlassen dürfen,[13] und zwar weder während des Unterrichts noch während der Pausen.

Im Fall von Katja und Sonia scheint eine solche Regel auf den ersten Blick wenig überzeugend. Denn die Eisdiele befindet sich gleich neben der Schule. Dennoch ergibt die Regelung Sinn. Denn für die Dauer der Schulzeit hat die Schule die Aufsichtspflicht. Die Aufsicht kann aber nur auf dem Schulgelände gewährleistet werden. Es könnte auch Schwierigkeiten geben, wenn Schülern das Verlassen einfach so erlaubt wäre. Denn dann kann man die Schüler beispielsweise nicht daran hindern, in den Pausen weite, gefährliche Wege zu gehen. Das wäre vermutlich auch nicht im Sinne der Eltern.

Fazit: Für die Dauer der Schulzeit (Unterricht und Pausen) hat die Schule die Aufsichtspflicht. In den Jahrgängen 1 bis 10 dürfen Schüler daher das Schulgelände nicht verlassen, weder im Unterricht noch in den Pausen.

Für die Sekundarstufe II gelten hingegen meist gelockerte Regelungen.

39. Darf ein Lehrer mir vorschreiben, wie viel Geld ich auf eine Klassenfahrt mitzunehmen habe?

Beispiel: Eine Klasse fährt auf Klassenfahrt. Am Elternabend davor meint die Mutter von Clara, 20 Euro seien genug. Mehr Geld habe sie auch nicht. Leos Vater entgegnet, 100 Euro sollten es schon sein. Victorias Mutter wiederum sagt, 10 Euro würden genügen, weil Essen und Trinken für die Kinder in dem Schullandheim ohnehin umsonst seien. Der Lehrer meint, 15 Euro seien angemessen.

Der Lehrer darf eine solche Empfehlung aussprechen. Allerdings kann er diese Empfehlung nicht kontrollieren. Denn er hat kein Recht, die Taschen der Schüler zu kontrollieren, auch nicht während einer Klassenfahrt.

Auf einer Klassenfahrt spielt unter anderem auch die Klassengemeinschaft eine große Rolle. Wenn Leo 100 Euro dabeihat, dann kann es sein, dass er damit prahlt. Das kann Clara kränken, deren Eltern ihr nur mit Mühe 20 Euro mitgeben konnten.

Daher ist es am besten, wenn am Elternabend eine Vereinbarung über das Taschengeld getroffen wird und sich alle Eltern und Schüler auch daran halten.

40. Darf ein Lehrer mir das Trinken verbieten?

In Grundschulen ist es mittlerweile vielfach üblich, dass die Klasse während der Unterrichtszeit ein gemeinsames Frühstück einnimmt. Das hat gute Gründe: Die Schüler können so im Unterricht informiert werden, welche Getränke gesund sind und welche ungesund (weil sie zum Beispiel viel Zucker enthalten). Auch können den Kindern dann gesunde Ess- und Trinkgewohnheiten gezeigt werden (besser Obst als Schokolade zum Frühstück). Dies kann vor allem Kindern helfen, deren Eltern nicht auf gesundes Essen und Trinken achten.

Trinken im Unterricht kann aber auch Nachteile haben: »Knacken« von Plastikflaschen, Trinkgeräusche, Rülpsen, vermehrte Toilettengänge, Herunterfallen oder gar Werfen von Flaschen ... Daher gibt es auch Gegner vom Trinken im Unterricht. Sie verweisen auf die Pausen.

Wenn Schülern jedoch das Essen und Trinken in den Pausen allein überlassen wird, ist es wiederum viel schwerer, sie über gesunde Ess- und Trinkgewohnheiten aufzuklären. Ein Argument für das Trinken im Unterricht ist auch, dass zu wenig Flüssigkeitsaufnahme die Leistungsfähigkeit mindert.

Fazit: Es gibt keine Regel, ob Trinken im Unterricht erlaubt oder verboten ist. Es ist Aufgabe der Schule oder des Lehrers, dafür eine Regelung zu finden.

Tipp: Wenn euer Lehrer das Trinken verbietet, bittet ihn um eine Diskussion darüber und besprecht mit der ganzen Klasse die Argumente dafür und dagegen.

41. Darf ich im Unterricht meine Jacke anbehalten?

Ein Schüler sitzt im Unterricht mit einer langen auffälligen Jacke. Der Lehrer bittet ihn, die Jacke auszuziehen. Der Schüler will die Jacke aber anbehalten. Er meint, es gebe ja keine Schuluniform. Der Lehrer besteht jedoch darauf, dass draußen eine Garderobe sei und der Schüler die Jacke dort aufhängen könne.

Das Tragen von Jacken im Unterricht ist immer wieder ein Streitpunkt in Schulen. Als Grundregel gilt: Der Lehrer kann Anordnungen treffen, wenn der Unterricht gestört wird. Aber wird der Unterricht gestört, wenn der Schüler seine Jacke anbehält? Manche Lehrer meinen ja, denn die Arbeitsatmosphäre sei dadurch gestört.

Wenn aber die Jacke angeblich die Arbeitsatmosphäre stört, ist dem entgegenzuhalten, dass es in Deutschland keine Schuluniform gibt. Wenn man in auffälliger Kleidung eine Störung des Unterrichts sieht, hätte man eine Schuluniform einführen können. Dann würden alle Schüler die gleiche Kleidung tragen, und eine Jacke würde nicht stören, weil sie nicht auffällt. Deutschland hat sich aber (anders als zum Beispiel England) gegen eine Schuluniform entschieden.

Fazit: Es gibt hier nach unserer Einschätzung kein Richtig oder Falsch. Für beide Sichtweisen gibt es gute Gründe. Die Schule sollte die Frage in der Schulordnung regeln.

42. Darf ein Lehrer mir verbieten, auf die Toilette zu gehen, wenn ich muss?

Beispiel: Eine Lehrerin ordnet an, dass in ihrem Unterricht kein Schüler auf die Toilette gehen darf. Eine Schülerin verspürt jedoch im Unterricht ein dringendes Bedürfnis und bittet die Lehrerin, dass sie zur Toilette gehen darf. Die Lehrerin verweigert dies bis zum Ende des Unterrichtes. Erst in der Pause kann die Schülerin die Toilette aufsuchen. Durfte die Lehrerin den Toilettengang verweigern?

Nein, die Schülerin darf bei einem dringenden menschlichen Bedürfnis die Toilette aufsuchen.

Rechtlicher Hintergrund: Artikel 1 des Grundgesetzes (GG) garantiert die Menschenwürde. Gemeint ist damit, dass alle Menschen menschenwürdig behandelt werden. Zu einer menschenwürdigen Behandlung zählt es, einen Toilettengang zu ermöglichen, wenn es nötig ist. So ist es auch in anderen staatlichen Einrichtungen (zum Beispiel Gefängnis) oder Veranstaltungen (zum Beispiel Gerichtstermine).

Wenn ein Lehrer einen Toilettengang verweigert, kann dies strafrechtliche Konsequenzen haben. Zu denken ist dabei an Körperverletzung im Amt (§ 340 StGB) und Misshandlung von Schutzbefohlenen (§ 171 StGB). Körperverletzung (§ 223 StGB) ist jede üble Behandlung, die das körperliche Wohlbefinden mehr als nur unerheblich beeinträchtigt. Wer gezwungen wird, ein dringendes menschliches Bedürfnis aufzuhalten, ist unseres Erachtens erheblich beeinträchtigt. Lehrer sind als Beamte auch Amtsträger – daher liegt der Verdacht einer Körperverletzung im Amt vor (§ 340 StGB). In Extremfällen kommt sogar ein Schmerzensgeld in Betracht, beispielsweise dann, wenn sich der Schüler in die Hose macht, weil er die Toilette nicht besuchen darf.

Denkbar ist auch ein Tatverdacht wegen Verletzung der Fürsorgepflicht gemäß § 171 StGB: Eine Verletzung der Erziehungspflicht dürfte in einem Toilettenverbot zu sehen sein. Ob die Verletzung erheblich war, kommt auf den Einzelfall an, zum Beispiel darauf, ob das Verbot länger gilt.

Anmerkung: In besonderen Situationen sind Beschränkungen bei Toilettengängen zulässig, beispielsweise bei Prüfungen. Aber auch hier ist ein Toilettenverbot unzulässig. Der Prüfungszweck erlaubt freilich, dass immer nur ein Schüler die Toilette aufsuchen darf.

Kapitel VII:

Arbeiten und Noten

43. Kann ich Widerspruch gegen eine falsche Bewertung im Zeugnis einlegen?

Beispiel: Marie (10. Klasse, Realschule) erhält in Deutsch die Note Fünf im Halbjahreszeugnis. Sie will sich als Bürokauffrau bewerben. Doch mit einer Fünf in Deutsch, so glaubt sie, bekomme sie nie ein Vorstellungsgespräch. Sie meint, die Note sei falsch, und will wissen, ob sie das Zeugnis und die Note Fünf anfechten kann.

Ja, das kann sie. Als Faustformel gilt, dass folgende Zeugnisse angefochten werden können:

- Halbjahreszeugnis 10. Klasse (häufig Bewerbungszeugnis)
- Versetzungszeugnis
- Abschluss- und Abgangszeugnis

Im Beispiel kann Marie das Zeugnis und die Note

Fünf in Deutsch anfechten. Grund: Es handelt sich um ein Zeugnis, das bei Bewerbungen vorgelegt werden kann. Wäre es das Halbjahreszeugnis der 8. Klasse, könnte es nicht angefochten werden.

Fazit: Abschlusszeugnisse können angefochten werden, andere in der Regel nicht. Daraus folgt zugleich, dass fast die Hälfte (!) aller Zeugnisse nicht angefochten werden können. Unserer Meinung nach ist dies ein Skandal. Gut ist allerdings, dass alle wichtigen Zeugnisse angefochten werden können. Dabei können viele verschiedene Aspekte eine Rolle spielen, die man in Betracht ziehen muss (die wir hier leider nicht im Einzelnen darstellen können – das würde zu weit führen).

44. Darf ein Lehrer Stoff in einer Klassenarbeit abfragen, den wir zuvor im Unterricht noch nicht durchgenommen haben?

Nein. Aufgaben in Klassenarbeiten müssen aus dem Unterricht erwachsen sein. Dem Schüler darf keine Aufgabe gestellt werden, die keinen Bezug zum Unterricht hat. Denn dann würde auch der Zweck der Klassenarbeit verfehlt. Es wäre dann dem Zufall überlassen, ob der Schüler die Frage beantworten kann oder nicht. Klassenarbeiten sind aber Leistungskontrollen für Inhalte aus dem Unterricht.

Beispiel: In einer Mathearbeit stellt der Lehrer fünf Aufgaben. In der fünften Aufgabe sollen die Schüler schriftlich dividieren. Im Unterricht wurde das schriftliche Dividieren jedoch noch nicht eingeführt. Die Klasse meint nun, die Aufgabe Nummer fünf dürfe nicht gewertet werden. Hat die Klasse recht?

In der Tat: Die Aufgabe darf nicht gewertet werden.

Ein abgewandeltes Beispiel: Die Mathearbeit besteht aus fünf Aufgaben. Bei allen Aufgaben soll schriftlich dividiert werden. Die Klasse meint danach, die ganze Arbeit dürfe nicht gewertet werden. Zu Recht?

Ja. Anders als im ersten Beispiel ist hier der ganze Stoff unzulässig. Daher muss die Klassenarbeit wiederholt werden.

45. Habe ich das Recht, Auskunft über meinen aktuellen Notenstand zu bekommen?

Ja, dieses Recht besteht. Ein Schüler muss wissen, wie seine Leistung bewertet wird. Denn er muss reagieren können, wenn ihm beispielsweise die Note Fünf droht oder wenn er die Note Eins anstrebt.

Bei der Rückgabe von Klassenarbeiten erfährt der Schüler automatisch seinen Leistungsstand. Doch auch für die mündlichen Noten können die Schüler Auskunft verlangen. Teilweise finden sich entsprechende Regelungen in den Schulgesetzen. So ist etwa in Baden-Württemberg geregelt, dass der Fachlehrer dem Schüler auf Befragen den Stand seiner mündlichen und praktischen Leistungen anzugeben hat.[14] Am einfachsten ist es, wenn der Lehrer in regelmäßigen Abständen die mündlichen Noten bekanntgibt.

Der Lehrer muss aber nicht täglich den Notenstand bekanntgeben.

Tipp: Wenn ein Lehrer keinen Notenstand bekanntgibt, sollte er von der Klasse insgesamt darauf angesprochen werden. Der Lehrer sollte dann gebeten werden, regelmäßig über die mündlichen Noten zu informieren.

46. Darf ein Lehrer seine Anforderungen an Schüler über die eigentlichen Anforderungen stellen – sprich Gymnasialniveau statt Realschulniveau?

Nein. Auf der Realschule muss auf Realschulniveau unterrichtet werden. Auf dem Gymnasium muss auf Gymnasialniveau unterrichtet werden. Entsprechendes gilt für Hauptschulen und Berufsschulen.

Hintergrund: Für jede Schulform gibt es Unterrichtspläne. Diese enthalten für den Lehrer Vorgaben, welche Unterrichtsinhalte angeboten werden müssen.

Der Lehrer ist dienstrechtlich an diese Pläne gebunden. Die Lehrpläne sind häufig im Internet zu finden.

Wenn ein Lehrer also auf der Realschule auf dem Niveau des Gymnasiums unterrichtet, ist das unzulässig.

Tipp: Wenn ihr der Meinung seid, dass der Lehrer euch auf dem falschen Niveau unterrichtet, dann sollte

- der Lehrplan im Internet gesucht werden,
- geprüft werden, ob der Lehrer davon abweicht, und
- falls er davon abweicht, das Thema auf dem Elternabend oder im Unterricht angesprochen werden.

47. Darf ein Lehrer mehr als drei Klassenarbeiten in der Woche schreiben lassen?

Es gibt Bundesländer, in denen maximal drei Arbeiten geschrieben werden dürfen.[15] Mit solchen Regelungen wird Rücksicht genommen auf die

Schüler. Damit Schüler ihren Hobbys nachgehen können, dürfen nicht mehr als drei Arbeiten geschrieben werden.

Wichtig: Pro Tag darf nicht mehr als eine Arbeit geschrieben werden. Es ist also nicht erlaubt, die drei Arbeiten an einem Tag zu schreiben.

Anders ist es zum Beispiel in Baden-Württemberg: Dort darf zwar pro Tag auch nur eine Arbeit geschrieben werden, eine Beschränkung auf drei Arbeiten pro Woche gibt es dort aber nicht.[16] Dennoch muss die Schule auch hier die Belange der Schüler beachten. Dies ist beispielsweise möglich durch eine (freiwillige) Regelung der Schule, dass nicht mehr als drei Arbeiten pro Woche geschrieben werden.

Fazit: Wenn mehr als drei Arbeiten pro Woche drohen, dann sollte die Klasse den Lehrer darauf ansprechen. Die Schüler sollten den Lehrer darum bitten, eine dieser Klassenarbeiten zu verschieben.

48. Darf der Lehrer sich so viel Zeit lassen, wie er will, um eine Klassenarbeit zu korrigieren?

Ein Lehrer in der 6. Klasse gibt die Arbeit auch nach vier Wochen noch nicht korrigiert an die Klasse zurück. Der Klassensprecher will wissen, ob das rechtens ist.

Nein. Begründung: Das Land Nordrhein-Westfalen regelt,[17] dass die Klassenarbeiten binnen drei Wochen korrigiert an die Schüler zurückgegeben werden. Ähnlich ist die Regelung in Sachsen-Anhalt:[18] Dort sollen die Klassenarbeiten und Klausuren innerhalb von drei Wochen zurückgegeben werden.

Strenger ist die Regelung in Bayern. Dort ist für Gymnasien (§ 57 GSO) und Realschulen (§ 52 RSO) geregelt, dass die Arbeiten nach zwei Wochen zurückgegeben werden sollen. Ähnlich streng wie in Bayern sind die Regeln in Niedersachsen:[19] Dort sollte die Arbeit ebenfalls nach zwei Wochen korrigiert zurückgegeben sein. Wichtig: Abweichungen sind möglich für die Grundschule oder für die Oberstufe am Gymnasium. Zudem können Verzögerungen zulässig sein, wenn der Lehrer krank ist.

Alle Fälle können hier nicht dargestellt werden. Das würde den Umfang des Buches sprengen. Aber es lässt sich folgendes Fazit ziehen: Eine Klassenarbeit sollte normalerweise binnen zwei bis drei Wochen korrigiert an die Schüler zurückgegeben sein. Nicht der Lehrer entscheidet, wann die Rückgabe erfolgen muss. Wann die Arbeit zurückgegeben sein muss, ergibt sich vielmehr aus dem Schulrecht. Es gilt dafür das Schulrecht in dem Bundesland, in dem der Lehrer unterrichtet.

49. Darf ich mit einem roten Stift schreiben?

Nur dann, wenn es der Lehrer erlaubt.

Rot ist meist die Korrekturfarbe. Schreibt der Schüler die Klassenarbeit mit Rot und korrigiert der Lehrer auch mit Rot, so lassen sich die Korrekturen des Lehrers nur schwer erkennen. Aus diesem Grund ist es sinnvoll, wenn Schüler und

Lehrer mit unterschiedlicher Farbe schreiben. Davon profitieren Lehrer, Schüler und Eltern gleichermaßen. Allerdings kann der Lehrer auch mit Grün oder Lila korrigieren. Es gibt zudem Lehrer, denen es egal ist, wer was in welcher Farbe schreibt. Wenn aber der Lehrer anordnet, dass die Schüler nicht mit Rot schreiben sollen, muss das von den Schülern beachtet werden.

Es gilt also: Mit einem roten Stift zu schreiben ist nicht verboten. Der Lehrer darf aber anordnen, dass die Schüler nicht mit Rot schreiben dürfen, weil er selber mit einem roten Stift korrigiert. Das muss dann beachtet werden.

50. Darf der Lehrer eine Prüfung einleiten, ob ich auf die Sonderschule muss?

Nur, wenn es dafür besondere Gründe gibt. Kinder können Unterstützung benötigen bei:

• Hörschwierigkeiten
• Lernschwierigkeiten

- mangelnder emotionaler und sozialer Entwicklung
- mangelnder geistiger Entwicklung
- mangelnder körperlicher/motorischer Einwicklung
- mangelnder sprachlicher Entwicklung
- Sehschwierigkeiten

Wenn sich ergibt, dass Kinder in einem dieser Bereiche durch Defizite auffällig sind, kann eine Begutachtung eingeleitet werden. Über diese Auffälligkeiten können Lehrer den Eltern oder Eltern den Lehrern berichten.

Wenn eine Auffälligkeit bejaht wird, kann die Schule veranlassen, dass ein Förderschullehrer bzw. Sonderschullehrer ein Gutachten erstellt. Bei der Begutachtung werden Tests mit dem Schüler gemacht. Die Eltern können das Gutachten einsehen und auch prüfen lassen. Aus dem Gutachten ergibt sich, ob und in welchem Bereich das Kind Unterstützung benötigt.

Ergibt sich aus dem Gutachten, dass ein Kind Hilfe benötigt, muss es heute nicht mehr – wie früher – zwangsläufig auf die Sonderschule. Jetzt gibt es die Inklusion, das heißt, Kinder mit Förderbedarf können auch auf »normale« Schulen gehen. Die Eltern können entscheiden, ob ihr Kind die Förderschule bzw. Sonderschule besuchen soll oder eine »normale« Schule. Entscheiden sich die Eltern für die »normale« Schule, erhält das Kind dort besondere Unterstützung. Beispielsweise kommt dann ein Förderschullehrer pro Woche für zwei Stunden in die Klasse und hilft dem Kind.

Die Eltern können auch entscheiden, dass das Kind auf die Sonderschule geht. Das Kind kommt dann (falls vorhanden) auf eine Sonderschule, die auf den Bereich spezialisiert ist, in dem das Kind Hilfe braucht (zum Beispiel Förderschule bzw. Sonderschule mit Schwerpunkt Sprache).

Nachwort

Wir freuen uns, dass du unser Buch fertiggelesen hast. Sicher wirst du gemischte Gefühle haben und möglicherweise etwas aufgebracht sein, da du bemerkst, dass dir in deiner Schulzeit leider Sachen passiert sind, die du mit der Kenntnis des Buches hättest verhindern können. Das mussten wir leider selbst feststellen. Jedoch ist es nie zu spät, zu handeln. Schließlich kann jeder, der im Besitz dieses Buches ist, sich gegen die Lehrer wehren, die einem Unrecht antun.

Wir hoffen, die wichtigsten Schülerfragen gefunden zu haben. Wenn ihr weitere Fragen habt, die aus eurer Sicht in das Buch sollten, könnt ihr uns diese gern mailen an: waslehrernichtduerfen@web.de

Abkürzungsverzeichnis

Abs.	Absatz
ADHS	Aufmerksamkeitsdefizit-/Hyper-aktivitätsstörung
Art.	Artikel
BayEUG	Bayerisches Gesetz über das Erziehungs- und Unterrichtswesen
BGB	Bürgerliches Gesetzbuch
BvR	Bundesverfassungsgericht
GG	Grundgesetz
GSO	Gymnasialschulordnung
NVO	Notenbildungsverordnung
NSchG	Niedersächsisches Schulgesetz
OVG	Oberverwaltungsgericht
RSO	Schulordnung für die Realschulen in Bayern
GSO	Schulordnung für die Gymnasien in Bayern
StPO	Strafprozessordnung

StGB	Strafgesetzbuch
SVBl	Schulverwaltungsblatt
VO-DV I	Verordnung über die zur Verarbeitung zugelassenen Daten von Schülerinnen, Schülern und Eltern
VVzAPO-S I	Verwaltungsvorschriften zur Verordnung über die Ausbildung und die Abschlussprüfungen in der Sekundarstufe I

Anmerkungen

1   1 BvR 417/10, 1 BvR 1181/10.

2   Vgl. Verwaltungsgericht Augsburg – Urteil vom 21.12.2010 – Az. Au 3 K 10.1721: Pflicht zur sachlichen Beurteilung.

3   Siehe beispielhaft den Runderlass »Unterrichtsorganisation« (RdErl. d. MK v. 20.12.2013 – 36.3-82 000 (SVBl. 2/2014, S. 49) – VORIS 22410 –) für das Bundesland Niedersachsen.

4   Siehe z. B. den Runderlass »Unterrichtsorganisation« (RdErl. d. MK v. 20.12.2013 – 36.3-82 000 (SVBl. 2/2014, S. 49) – VORIS 22410 –) für das Bundesland Niedersachsen. Entsprechende Regelungen finden sich in anderen Bundesländern.

5   Siehe z. B. für Niedersachsen § 55 Abs. 3 NSchG.

6   So das OVG Niedersachsen, vgl. Beschluss vom 27.3.2014 – 2 ME 1/14.

7   Siehe dazu RdErl. d. MK v. 20.12.2013 – 36.3-82 000 (SVBl. 2/2014, S. 49), VORIS 22410 für das Bundesland Niedersachsen.

8 Vgl. dazu auch Bundesgerichtshof, Az.: III ZR 35/64.

9 Vgl. Bundesgerichtshof, Urteil vom 13.04.1967,
   Az.: III ZR 2/65.

10 Arbeitsstättenverordnung (ArbStättV) sowie Tech-
    nische Regeln für Arbeitsstätten Raumtemperatur
    ASR A3.5

11 Siehe z. B. § 31 NschG i. V. m. § 16 NDSG für das
    Land Niedersachsen oder §§ 1, 3 Verordnung über
    die zur Verarbeitung zugelassenen Daten von
    Schülerinnen, Schülern und Eltern (VO-DV I) vom
    14. Juni 2007 i. V. m. § 120 Abs. 7 SchulG NRW für
    das Bundesland NRW.

12 So z. B. in Niedersachsen geregelt in § 31 Abs. 3
    NSchG.

13 Z. B. § 38 Satz 3 Gymnasialschulordnung (GSO),
    Bayern: »Schülerinnen und Schülern kann gestattet
    werden, während der unterrichtsfreien Zeit die
    Schulanlage zu verlassen«, oder § 62 NschG (für
    Niedersachsen): »Schüler des Primarbereichs und
    der Sek. I dürfen das Schulgelände nicht verlassen.«

14 § 7 Abs. 4 Verordnung des Kultusministeriums über
    die Notenbildung (Notenbildungsverordnung, NVO)
    vom 5. 5. 1983.

15 § 8 Verordnung des Kultusministeriums über die
    Notenbildung (Notenbildungsverordnung, NVO) für
    das Land Baden-Württemberg.

16 RdErl. d. MK v. 22.3.2012 – 33-83201 (SVBl. 5/2012,
    S. 266), geändert durch RdErl. vom 9.4.2013 (SV-
    Bl. 6/2013, S. 222) – VORIS 22410 – für Nieder-
    sachsen. Siehe für Sachsen-Anhalt: Leistungs-
    bewertung und Beurteilung an allgemeinbildenden
    Schulen und Schulen des Zweiten Bildungsweges
    der Sekundarstufen I und II, RdErl. des MK vom
    26.6.2012 SVBl., LSA 7/2012, S. 103 (dort
    Ziff. 4.1.2.).

17 Verwaltungsvorschriften zur Verordnung über die
    Ausbildung und die Abschlussprüfungen in der
    Sekundarstufe I (VVzAPO-S I); Neufassung RdErl.
    d. Ministeriums für Schule und Weiterbildung
    v. 11.6.2013 – 223-2.02.11.03-112940/13 (dort
    Ziff. 6.1.2).

18 Zff. 4.1.12. Leistungsbewertung und Beurteilung an
    allgemeinbildenden Schulen und Schulen des
    Zweiten Bildungsweges der Sekundarstufen I und II,
    RdErl. des MK vom 26.6.2012 – 2-83200 für das
    Land Sachsen-Anhalt.

19 Ziff. 6 RdErl. d. MK v. 22.3.2012 – 33-83201
    (SVBl. 5/2012, S.266), geändert durch RdErl. vom
    9.4.2013 (SVBl. 6/2013, S.222) – VORIS 22410 – 6.

Stichwortregister